Other popular books by
"Md Rubel Press Publishing"

NUMBER TRACING

0 Zero

0 0 0 0 0

0 0 0 0 0

NUMBER TRACING

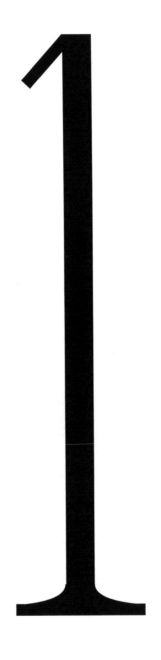

1 One

1 1 1 1 1

1 1 1 1 1

NUMBER TRACING

2 Two

2 2 2 2 2

2 2 2 2 2

2 2 2 2 2 2

NUMBER TRACING

3 Two

NUMBER TRACING

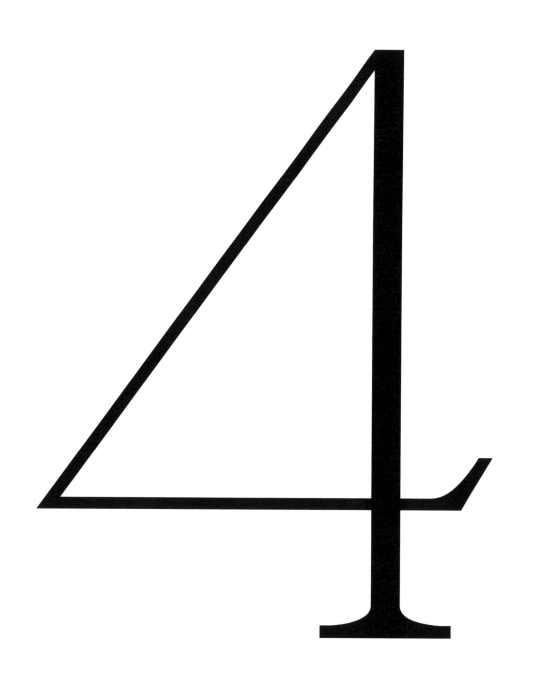

4 Four

4 4 4 4 4

4 4 4 4 4

NUMBER TRACING

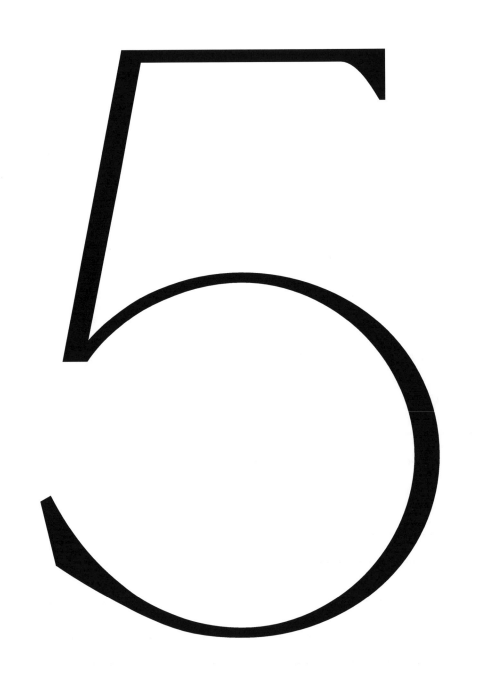

5 Five

5 5 5 5 5

5 5 5 5 5

NUMBER TRACING

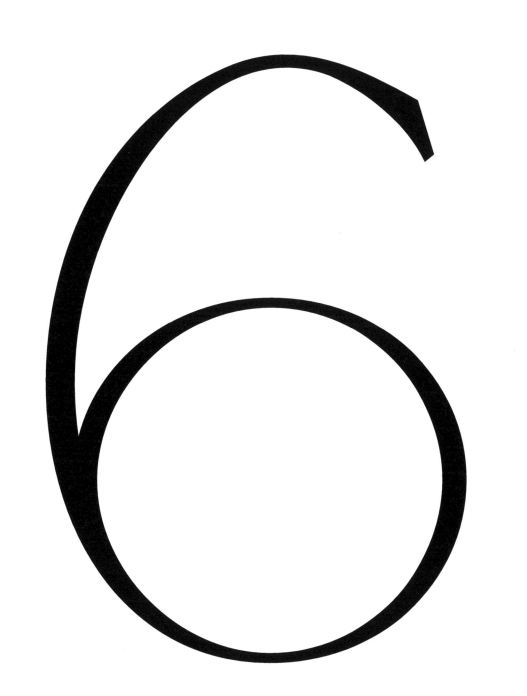

6 Six

NUMBER TRACING

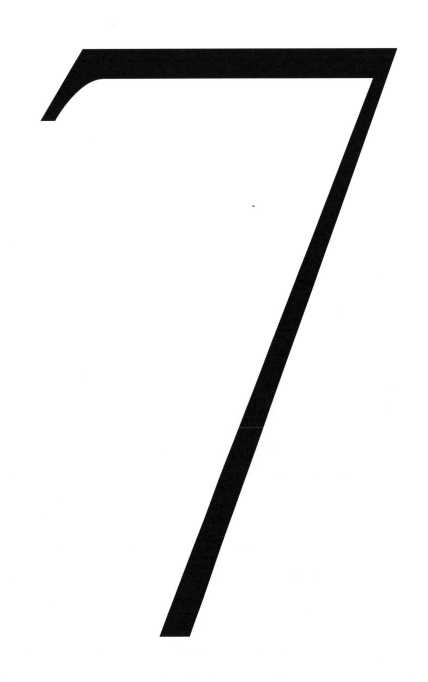

7 Seven

7 7 7 7 7

7 7 7 7 7

NUMBER TRACING

8 Eight

NUMBER TRACING

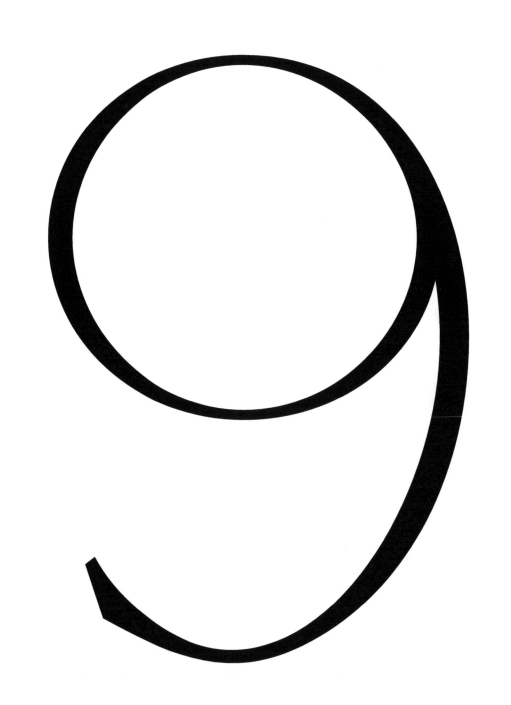

 **Nine**

NUMBER TRACING

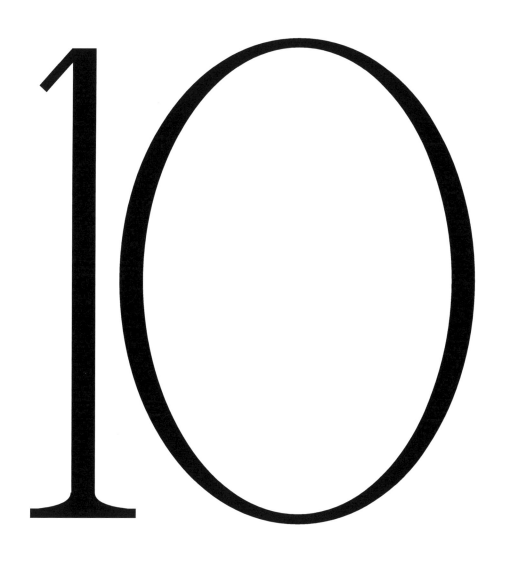

10 Ten

TRACING NUMBERS

TRACING NUMBERS

TRACING NUMBERS

TRACING NUMBERS

TRACING NUMBERS

TRACING NUMBERS

TRACING NUMBERS

TRACING NUMBERS

TRACING NUMBERS

TRACING NUMBERS

TRACING NUMBERS

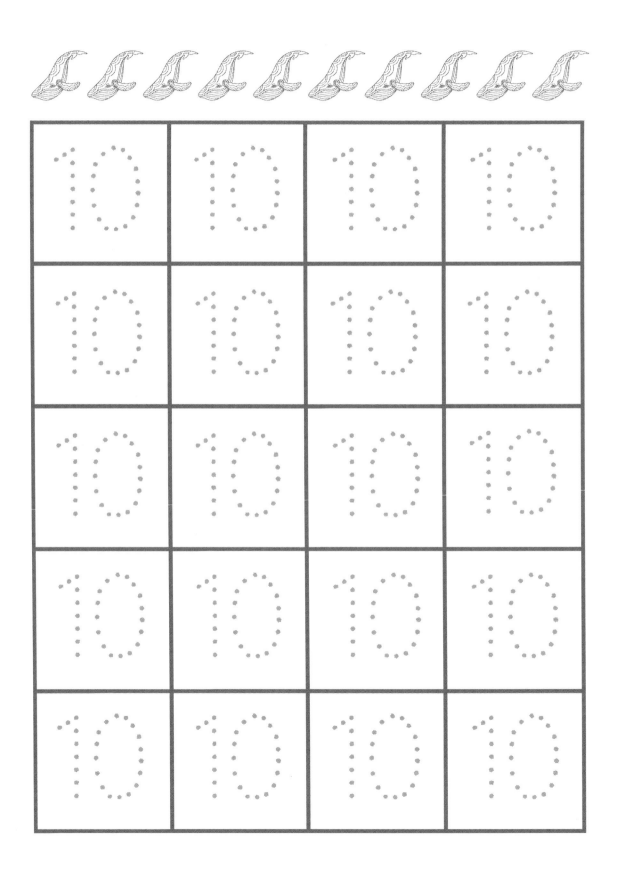

Number 0

Cross out all the number 0's below

3	7	8	0	1	2	3
3	3	6	4	7	6	2
8	1	3	2	5	3	9
1	4	5	0	9	3	2

There are zero buses.

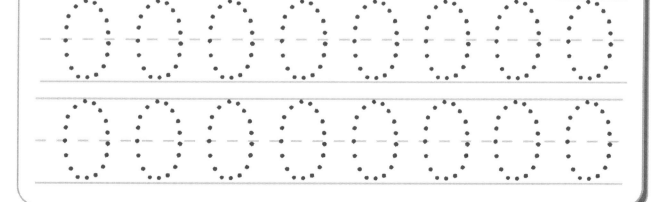

Number 1

Cross out all the number 1's below

3	7	8	0	1	2	3
3	3	6	4	7	6	2
8	1	3	2	5	3	9
1	4	5	0	9	3	2

There are one buses.

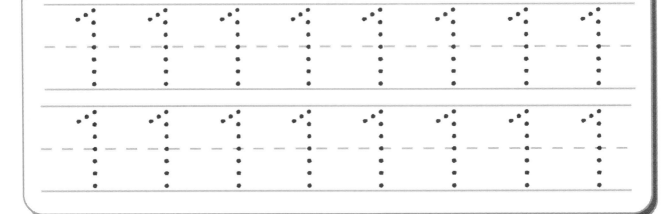

Number 2

Cross out all the number 2's below

3	7	8	0	1	2	3
3	3	6	4	7	6	2
8	1	3	2	5	3	9
1	4	5	0	9	3	2

There are two buses.

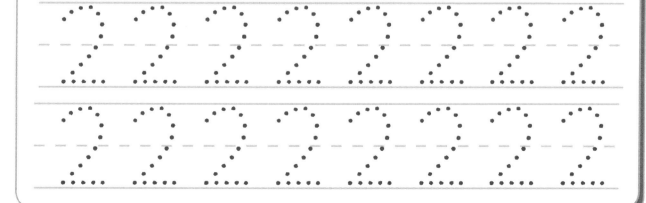

Number 3

Cross out all the number 3's below

3	7	8	0	1	2	3
3	3	6	4	7	6	2
8	1	3	2	5	3	9
1	4	5	0	9	3	2

There are three buses.

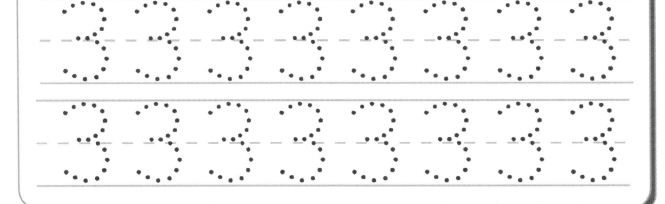

Number 4

Cross out all the number 4's below

3	7	8	0	1	2	3
3	3	6	4	7	6	2
8	1	3	2	5	3	9
1	4	5	0	9	3	2

There are four buses.

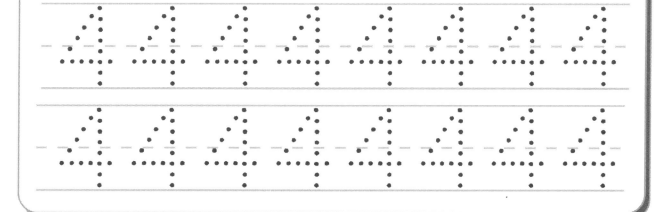

Number 5

Cross out all the number 5's below

3	7	8	0	1	2	3
3	3	6	4	7	6	2
8	1	3	2	5	3	9
1	4	5	0	9	3	2

There are five buses.

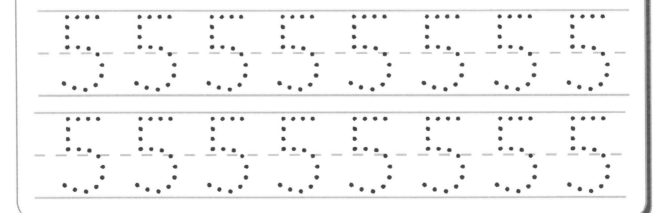

Number 6

Cross out all the number 6's below

3	7	8	0	1	2	3
3	3	6	4	7	6	2
8	1	3	2	5	3	9
1	4	5	0	9	3	2

There are six buses.

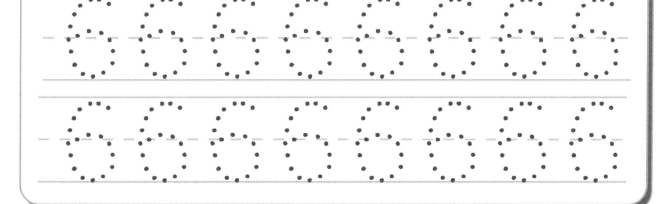

Number 7

Cross out all the number 7's below

3	7	8	0	1	2	3
3	3	6	4	7	6	2
8	1	3	2	5	3	9
1	4	5	0	9	3	2

There are seven buses.

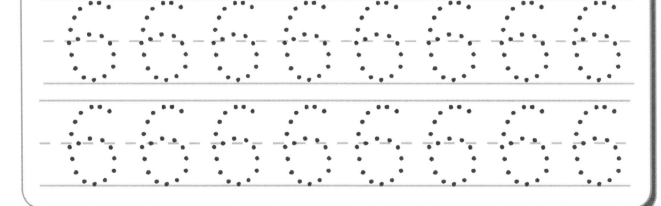

Number 8

Cross out all the number 8's below

3	7	8	0	1	2	3
3	3	6	4	7	6	2
8	1	3	2	5	3	9
1	4	5	0	9	3	2

There are eight buses.

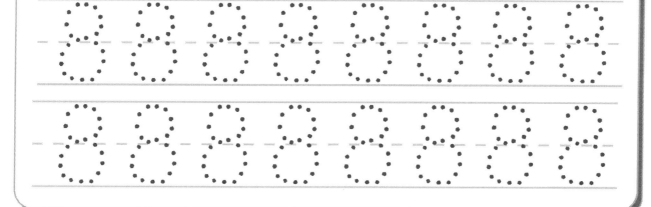

Number 9

Cross out all the number 9's below

3	7	8	0	1	2	3
3	3	6	4	7	6	2
8	1	3	2	5	3	9
1	4	5	0	9	3	2

There are nine buses.

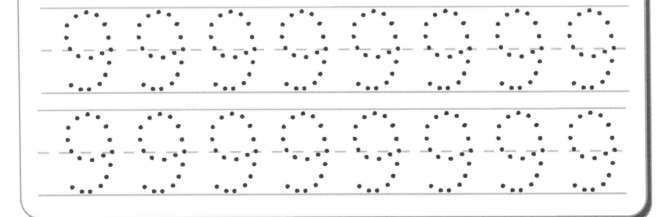

Number 10

Cross out all the number 10's below

3 7 8 0 1 2 3

3 3 6 10 7 6 2

10 1 3 2 5 3 10

1 4 5 0 9 3 2

There are ten buses.

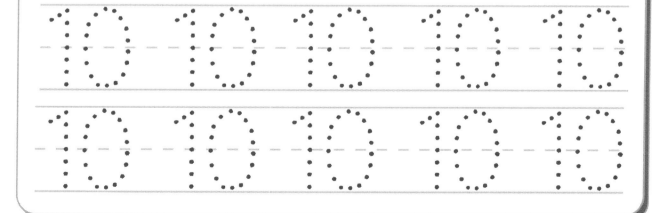

TRACING LETTERS

1	1	1	1
2	2	2	2
3	3	3	3
4	4	4	4
5	5	5	5

TRACING LETTERS

6	6	6	6
7	7	7	7
8	8	8	8
9	9	9	9
10	10	10	10

Tracing Numbers

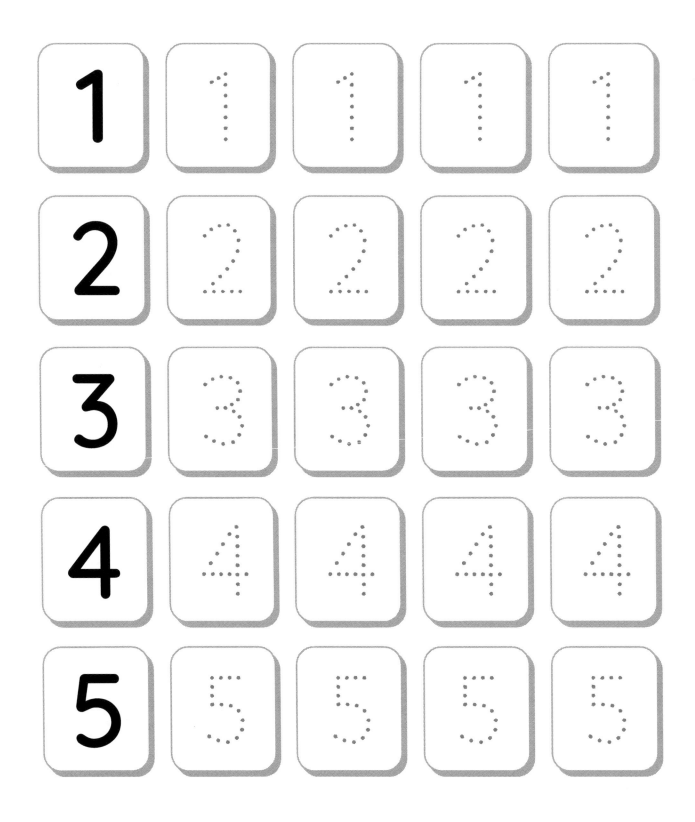

Tracing Numbers

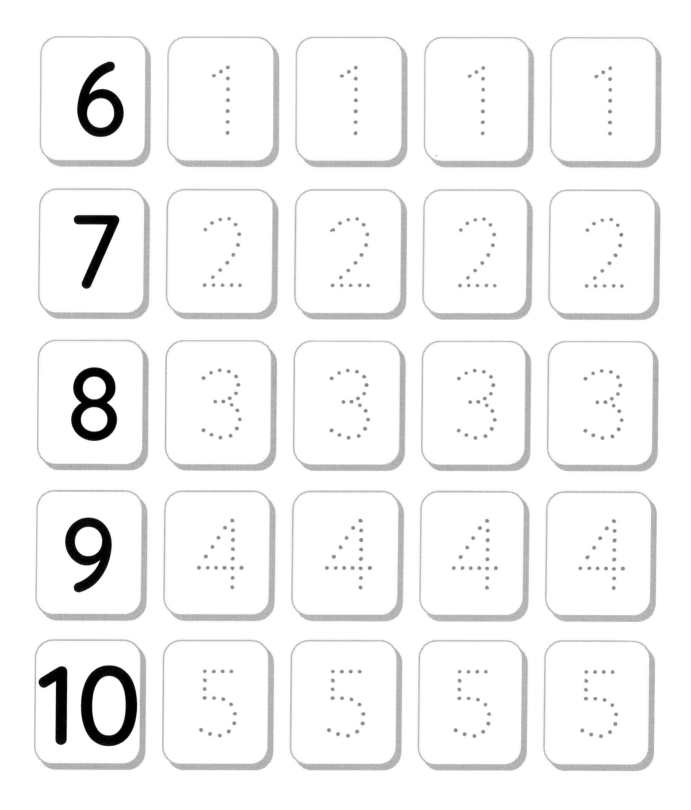

Color the Number

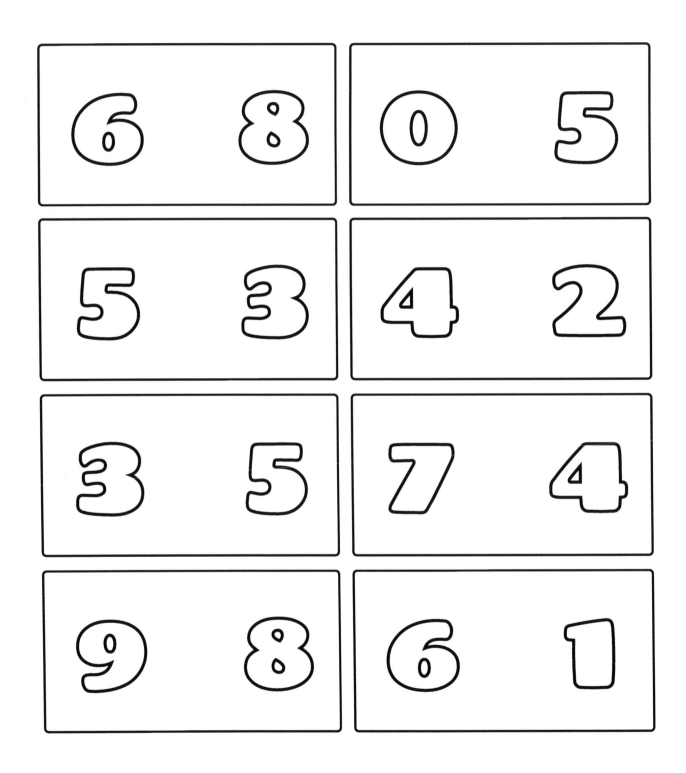

Color the Number

4	8	5	0
5	7	4	2
9	3	3	6
2	8	6	1

Color & Tracing number O

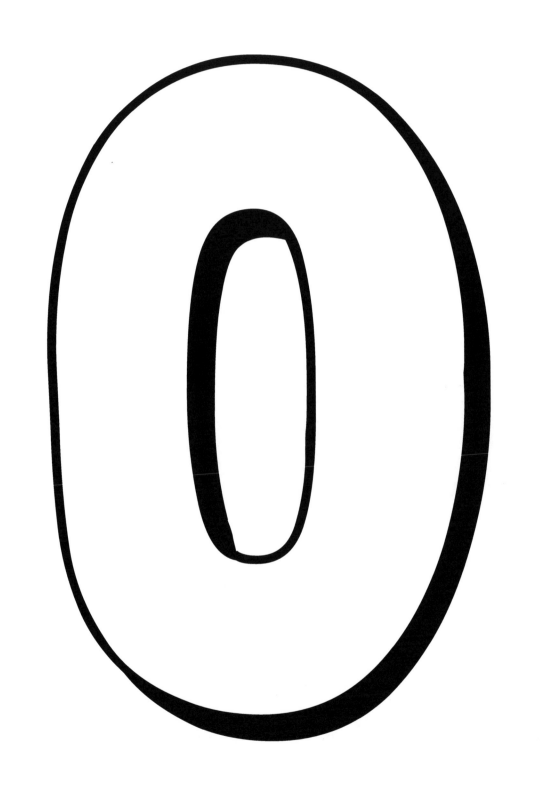

Color & Tracing number 1

Color & Tracing number 2

Color & Tracing number 3

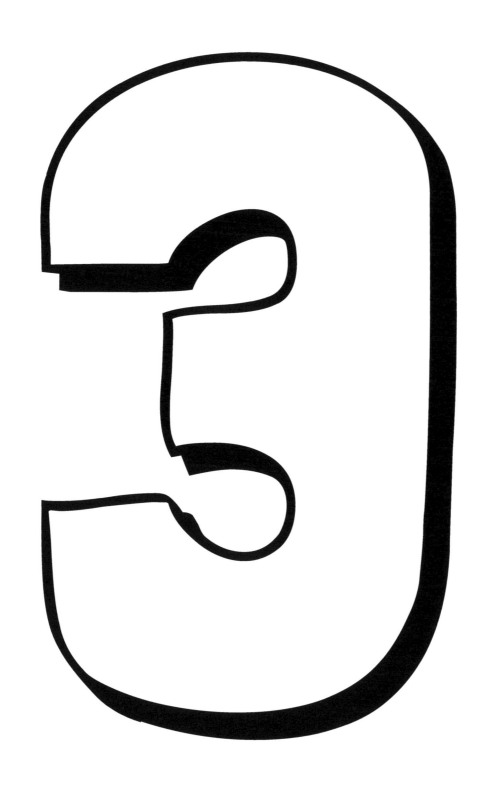

Color & Tracing number 4

Color & Tracing number 5

Color & Tracing number 6

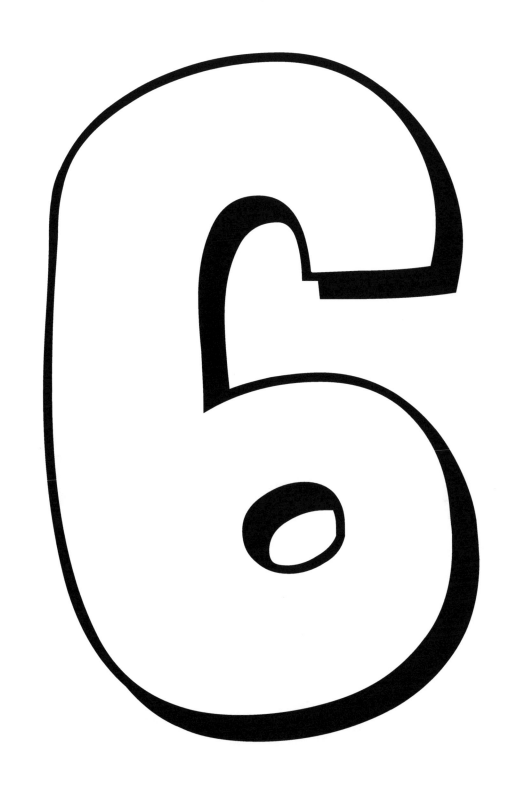

Color & Tracing number 7

Color & Tracing number 8

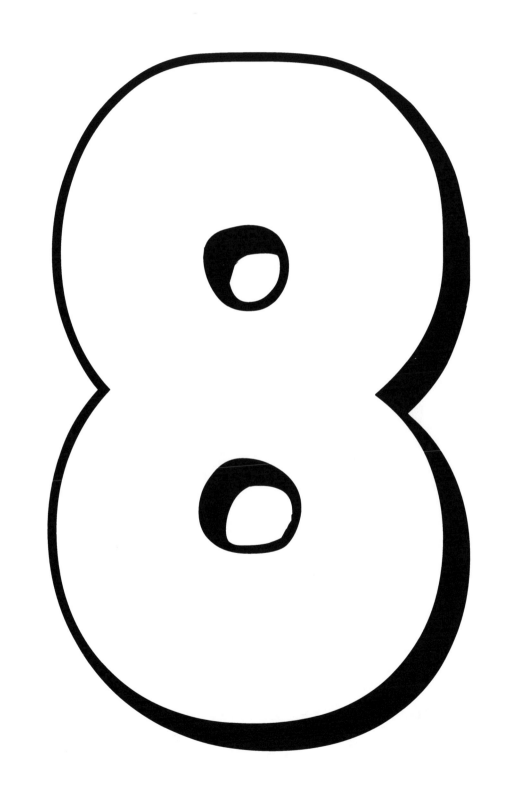

Color & Tracing number 9

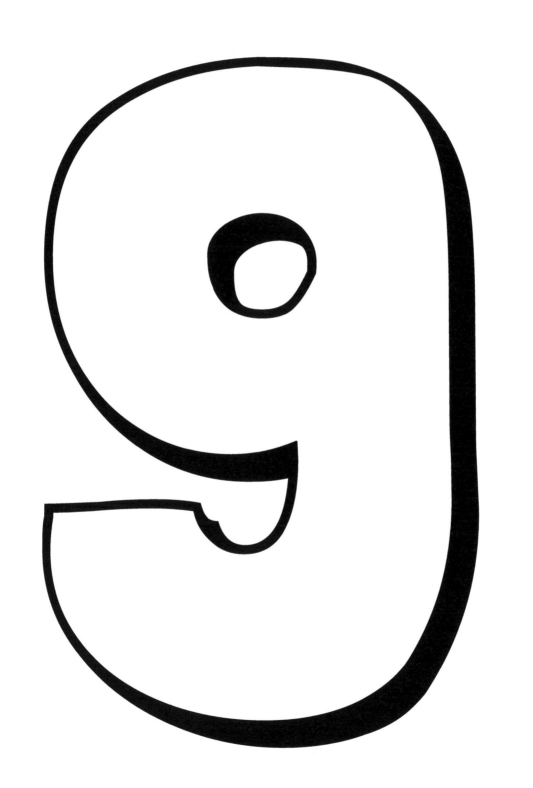

Color & Tracing number 9